AF359008

REGLEMENS.

RÉGLEMENS

DE LA

R∴ L∴ SAINTE-THÉRÈSE

DES

AMIS DE LA CONSTANCE,

O∴ DE PARIS.

1828.

Imprimerie de **CHASSAIGNON**, rue Gît-le-Cœur, N° 7.

Réglemens

DE LA R∴ L∴

SAINTE-THERÈSE

DES

AMIS DE LA CONSTANCE,

O∴ de Paris.

— • —

CHAPITRE PREMIER.

DÉCLARATION DE LA LOGE.

1. — La R∴ L∴ ☐ de Saint-Jean, sous le titre distinctif de SAINTE THÉRÈSE DES AMIS DE LA CONSTANCE, est

consacrée à la gloire du grand Architecte de l'Univers.

2. — Elle est soumise aux Statuts et Réglemens du G∴ O∴ de France, ainsi qu'aux lois du Gouvernement Français.

OBLIGATIONS GÉNÉRALES.

3. — Tout Membre de la Loge contracte l'obligation :

4. — De ne jamais parler directement ni indirectement contre l'Etat ou la Religion.

5. — De pratiquer la bienfaisance, autant que sa fortune le lui permettra, et de contribuer, par tous les moyens qui sont en son pouvoir, aux succès et à la prospérité de la ▭.

CHAPITRE II.

6. — DES OFFICIERS.

Les Officiers de la Loge, sont :

Un Vénérable.

Un 1er et 2me Surveillans.

Un Orateur.

Un Secrétaire.

Un premier Expert.

Un Député au G∴ O∴

Un Trésorier.

Un Hospitalier.

Deux M∴ des Cérémonies.

Un Arch∴ Garde-des-Sceaux et Timbre.

Un Arch∴ Contrôleur.

Deux Experts.

Un M∴ des banquets.

Un F∴ Couvreur.

Et trois Adjoints.

Un à l'Orateur.

Un au Secrétaire.

Un au M∴ des banquets.

CHAPITRE III.

DU DROIT D'ÉLIGIBILITÉ.

7. — Aucun F∴ ne peut être élu à l'Office de Vén∴, s'il n'est M∴ et Membre depuis 18 mois dans l'atelier.

8. — Aucun F∴ ne peut être élu aux offices de premier et deuxième Surveillans, s'il n'est Maître depuis au moins 6 mois dans l'atelier.

9. — Les Offices en général ne pourront être remplis que par des Membres possédant les trois premiers grades, et qui auront payé exactement leurs cotisations.

10. — A l'exception du Vén∴, tout

Officier peut être le Député au G∴ O∴.

11. — Lorsqu'un F∴ néglige de venir prêter son obligation dans les trois ten∴ qui suivent sa nomination à un office, cette nomination est regardée comme nulle, hors le cas de maladie, et il sera pourvu à son remplacement dans la séance suivante.

CHAPITRE IV.

DES ÉLECTIONS.

12. — Les Officiers sont élus tous les ans au scrutin individuel, dans la séance qui précède la fête du solstice d'hiver : la majorité absolue des suffrages est de rigueur pour le Vén∴, les Surv∴, l'O∴, le Sec∴, le Trés∴, le Garde-des-Sceaux et le premier Expert; il suffit pour les autres de la majorité relative.

13. — Tout bulletin illisible, ou qui ne désigne pas spécialement un Maçon éligible, est nul.

14. — Le nombre des bulletins supérieurs au nombre des Votans, rend le scrutin nul.

15. — En cas de parité de votes dans les élections, le scrutin est recommencé jusqu'à trois fois, y compris celui du ballotage entre les deux qui ont réuni le plus de suffrages; s'il y a égalité dans ce dernier, la préférence est donnée au plus ancien Maçon.

16. — Tous les FF∴, quelque grade qu'ils possèdent, ont le droit de voter dans les élections.

17. — Lorsque le choix de la Loge tombe sur un F∴ absent, il lui est adressé une Pl∴, signée des trois premiers Offi∴.. Si c'est pour les fonc-

tions de Vén.˙., la Pl.˙. lui est portée par une députation de sept **Membres**.

CHAPITRE V.

DES SÉANCES DE LA LOGE.

18. — La Loge tient douze séances par an, savoir : le deuxième vendredi de chaque mois, à moins d'une décision contraire.

19. — Le Vén.˙. a seul le droit de convoquer extraordinairement la ☐, lorsqu'il le juge convenable.

20. — Il y a deux banquets d'obligation, un à chacune des fêtes de l'Ordre.

CHAPITRE VI.

DE LA COMMISSION ADMINISTRATIVE.

21. — Il y a une Commission ad-

ministrative , composée de tous les Officiers.

22. — Elle prépare tous les objets à soumettre à la sanction de la ☐, et discute tous ceux renvoyés à son examen. Elle ne peut délibérer qu'au nombre de cinq au moins, et ses décisions n'ont d'exécution, qu'autant qu'elles sont agréées et ratifiées par la Loge.

23. — Le Vén∴ convoque la commission, et tous les Membres sont tenus d'y assister.

CHAPITRE VII.

DES FONCTIONS DES OFF∴

DU VÉNÉRABLE

24.—Le Vén∴ préside tous les Trav∴ de la ☐ et ceux de la Commission administrative.

25. — Il nomme par intérim à tous les offices vacans pour la tenue du jour seulement.

26. — Le Vén.·. et les deux Surveillans nomment collectivement à toutes les commissions et députations extraordinaires.

27. — Le Vén.·. a seul le droit d'accorder ou de retirer la parole, de faire couvrir le Temp.·. à tout Maçon, quelqu'il soit, et même de fermer les Trav.·. au milieu d'une délibération, quand sa prudence lui suggère cette mesure.

28. — Le Vén.·. est chargé de la garde des Constitutions de la Loge, émanées du Gr.·. O.·., et a seul le droit de communiquer nos mystères aux initiés, et de donner le mot de sémestre.

29. — Aucun F.·. n'a le droit de reprendre le Vén.·.; on peut seulement

lui faire les observations que l'on croira raisonnables , en se conformant toutefois à ce qui est prescrit par l'art∴ 13o de ce présent Réglement.

3o. — Le Vén∴ est élu chaque année , mais il ne peut exercer ses fonctions plus de trois années consécutives.

51. — Lorsqu'il quitte le vénéralat , il prend le titre d'ex-Vén∴, qu'il conserve jusqu'à ce que le Vén∴ en exercice soit remplacé par un autre, sans pouvoir être réélu à aucune autre place que celle de député au G∴ O∴

CHAPITRE VIII.

DES SURVEILLANS.

32. — Les Surveillans ont, après le Vén∴, l'autorité maç∴ sur toute la Loge.

33. — Ils annoncent, chacun sur

leur colonne, les Trav∴ proposés par le Vén∴

34. — Ils maintiennent l'ordre, et font observer le silence sur leurs colonnes respectives.

35. — Ils préviennent le Vén∴ lorsque des FF∴ se refusent à remplir les devoirs de la subordination et de la décence.

36. — Ils demandent la parole pour les FF∴ placés sur leurs colonnes.

37. — Ils avertissent le Vén∴ lorsqu'il y a des Visiteurs ou des Membres de la Loge qui demandent l'entrée du Temp∴

38. — Ils ne quittent jamais le maillet sans en prévenir le Vén∴, qui, sur leur demande, les fait remplacer.

39. — En cas d'absence ou d'empêchement du Vén∴, le premier, et à

2*

son défaut le deuxième Surveillant, préside la Loge.

40. — Dans le cas où tous deux, conjointement avec l'Or∴, jugeraient indispensable une convocation extraordinaire, tous trois, sur le refus du Vén∴, convoqueraient en leur nom le Conseil d'administration, lequel statuerait sur l'utilité de la Ten∴

41. — Le Conseil d'administration doit être au moins composé des sept premières Lum∴, et la décision ne peut être prise qu'à l'unanimité.

CHAPITRE IX.

DE L'ORATEUR.

42.—L'Orateur est chargé du maintien des Réglemens; il en requiert l'exécution lorsqu'on s'en écarte.

43. — Il aura à cet effet posé sur son bureau, et aux frais de la L∴, un exemplaire des Statuts et Régl∴ du G∴ O∴ de France, et un de ce R∴ Atelier.

44. — Il donne ses conclusions sur toutes les propositions, lorsque la discussion est fermée; alors aucun F∴ ne peut demander la parole, si ce n'est pour réclamer le scrutin sur les conclusions de l'Orateur.

45. — Il fait lecture de toutes les Planch∴ adressées à la L∴ et surveille toutes les impressions.

46. — A chaque grade, il fait une instruction aux nouveaux initiés.

47. — Aux fêtes de l'Ordre, il rend compte des principaux objets dont la Loge s'est occupée pendant le semestre, et prononce un discours relatif à

la fête ou à quelque point important de la Maçonnerie.

48. — Il met son *visa* et sa signature à toutes les expéditions, certificats, et autres actes que la L∴ ordonne.

49. — Tous les trimestres, il fait, ou fait faire par son adjoint, une lecture des Statuts et Réglemens de la L∴

5o. — L'O∴ qui entre dans le Temp∴ après que les Trav∴ sont ouverts, ne reprend sa place que lorsque l'Adjoint, ou le F∴ chargé d'office d'en remplir les fonctions, a donné ses conclusions dans l'affaire que l'on discute.

CHAPITRE X.

DU SECRÉTAIRE.

51. — Le Secrétaire Gén∴ tient le

pinceau dans toutes les assemblées, soit de Loge, soit de Conseil d'administration, soit de Commissions. Il signe par mandement, toutes les Planch∴ des Trav∴ de l'Atelier, et toutes autres pièces d'architecture autorisées par ses arrêtés; il est chargé de toute la correspondance.

52. — A l'ouverture des Trav∴, il fait lecture de la Planch∴ tracée dans la dernière tenue; il rédige, séance tenante, l'esquisse des Trav∴ du jour; il en fait lecture avant la clôture, si le Vén∴ le juge convenable. Cette esquisse est ensuite signée du Vén∴ et de l'Orateur. Aux Trav∴ suivans, le Secrétaire général en présente la rédaction définitive; et lorsque cette Planch∴ a reçu la sanction, elle est transcrite sur le grand livre d'architecture, signé par le Vén∴ et contre-

signée par lui , par mandement de la
L∴.

53. — Il trace, d'après le libellé du
Vén∴., toutes les Planch∴. de convocation, tant pour les tenues ord∴. et
extraord∴., que pour les Conseils et
Commissions.

54. — Dans le cas où il ne recevrait
pas l'ordre du Vén∴. pour les tenues
ordinaires, il ne fait pas moins la convocation.

55. — Il est aussi chargé de tenir
toujours au complet le tableau des
Membres de la L∴., ainsi que de
dresser et faire signer celui qui doit
être envoyé annuellement au G∴. O∴.

CHAPITRE XI.

PREMIER EXPERT.

56. — Il veille constamment à ce

que le Templ.·. soit couvert extérieurement, et n'en donne jamais l'entrée sans en avoir reçu l'ordre des Surveillans.

57. — Il remplace les deuxième et premier Surveillans, et même le Vén.·. en cas d'absence.

58. — Il est chargé de tuiler les Visit.·., et ne doit point les laisser introduire qu'ils ne soient revêtus des habits de l'Ordre.

59—. Il prépare et accompagne pendant les Trav.·. de réception les récipiendaires à tous les grades.

60. Il compte les votans, recueille les bulletins et les boules.

61. — Il informe et avertit le second Surv.·. de ce qui se passe à l'extérieur du Templ.·.

CHAPITRE XII.

DÉPUTÉ AU G∴ OR∴.

62. — Le Député au G∴ Or∴. de France, rend compte chaque mois à l'Atelier des Trav∴. et décisions du G∴ O∴., qui ont rapport à l'ordre en général ou à l'Atelier en particulier.

63. — Il est chargé de suivre auprès du G∴. O∴. l'expédition de toutes les demandes qui lui sont adressées par l'Atelier, et de payer le don gratuit. Il doit veiller aux intérêts et à l'honneur, tant de la L∴., que de chacun de ses Membres.

64. — Les fonctions de Député sont compatibles avec toutes les autres fonctions de la L∴., excepté avec celle de Vénérable.

CHAPITRE XIII.

DU TRÉSORIER.

65. — Le Trésorier est dépositaire des finances de la L.·.

66. — Il répond en son propre et privé nom des droits d'initiation et d'affiliation.

67. — Il est également responsable des cotisations, s'il laisse passer plus de trois mois sans avertir la ▭.

68. — Il est aussi responsable des cotisations des FF.·. qui auraient obtenus des diplômes sans être au pair de leurs cotisations, et de celles des FF.·. qui, d'après son autorisation auraient été désignés comme membres honoraires.

69. — Il tient un registre timbré et

paraphé par le **Vén.·.** et les **Surv.·.**, sur lequel il inscrit les recettes et dépenses par ordre de dates et de numéros, et il n'acquittera rien qu'il n'y ait été autorisé au moins par le **Vén.·.**

70. — A la fin de chaque trimestre il rend compte à la **L.·.** de la situation de la caisse, et tous les six mois, dans la séance qui précède la fête de l'Ordre, il présente à l'Atelier le compte général des recettes et dépenses.

71. — Aucun **F.·.** n'a le droit d'exiger de lui connaissance de l'état de la caisse; la Loge seule, ou la Commission administrative doit en connaître.

72. — En cas d'absence du Trésorier, à une tenue où il y aurait initiation ou affiliation, le **F.·.** Hospitalier est autorisé à recevoir pour lui les mét.·.

CHAPITRE XIV.

DE L'HOSPITALIER.

73 — L'Aumônier Hospitalier est dé-positaire responsable des fonds destinés aux soulagemens des F∴ qui sont dans le besoin.

74. — Il fait la quête à chaque assemblée de la Loge ; le produit en est consigné sur la Planch∴ du jour.

75. — Il ne peut disposer des fonds qui lui sont confiés, que d'après une décision de la ☐. Néanmoins il est autorisé à disposer, d'une Ten∴ à l'autre, de deux méd∴ de trois francs.

76. — Il tient un registre sur lequel il inscrit : 1° les sommes résultant du tronc de bienfaisance, et la date des séances ; 2° les noms des FF∴ auxquels

il a donné des secours , et la date des décisions de la L∴ à ce sujet.

77∴ — Ce registre n'est communiqué qu'à la Commission administrative ou à la ☐.

78. — L'Aumônier Hospitalier rend ses comptes tous les ans avant la fête du solstice d'hiver , à la Commission administrative , qui les arrête et fait son rapport à la ☐.

CHAPITRE XV.

DES MAÎTRES DES CÉRÉMONIES.

79. — Les M∴ des cérémonies sont chargés de diriger les cérémonies, d'introduire les Visit∴ sur l'ordre du V∴, et toujours les derniers; ceux à qui il est dû plus d'honneurs Maç∴, de placer les FF∴ suivant leurs grades et

dignités , de faire circuler le sac des propositions , de joindre leurs Batt∴ de remercîmens à celles des autres membres de la L∴, des FF∴ Visit∴, des affiliés , ou initiés , et au besoin de prendre pour eux la parole.

80. — Ils distribuent les scrutins ou les boules pour les votes : ils vérifient et rapportent au Vén∴ les mots d'ordre ou de semestre transmis sur les colonnes.

81. — Ils reçoivent entre les deux colonnes les mots de semestre de la part des Visiteurs,

82. — Ils accompagnent les initiés du moment où ils les reçoivent des mains des experts , jusqu'à la réception consommée ; ils leur indiquent les figures du tableau , et la marche de chaque grade.

3*

83. — Ils accompagnent de même les affiliés.

CHAPITRE XVI.

ARCHIVISTE GARDE-DES-SCEAUX.

84. — Il timbre et scelle du sceau de la Loge , toutes les pièces expédiées en vertu des décisions de l Atelier.

85. — Il tient un registre de toutes les pièces déposées aux Archives par ordre de numéros et de dates.

86. — Il ne communique aucune pièce avec déplacement qu'au Vén.·., à l'Orateur , au Secrétaire , sur leurs récépissés ; pour tout autre, il demande l'autorisation de la Loge et pareils récépissés.

87. — Il rend compte tous les ans

à la Loge, dans la séance qui suit la fête du solstice d'hiver, des pièces déposées aux Archives.

CHAPITRE XVII.

ARCH.·. CONTRÔLEUR.

88. = Cet Officier est dépositaire et responsable des objets appartenant à la Loge.

89. — A son entrée en fonction, il en est fait un inventaire double, signé de lui, de son prédécesseur, du Vén.·. et du Trésorier.

90. — Lorsqu'il cesse ses fonctions, il fait la remise des effets portés dans l'inventaire et de ceux achetés durant son exercice.

91. — L'un des deux inventaires

reste entre les mains du F∴ Archiviste, et l'autre est déposé aux Archives.

92. — Tous les objets confiés à la responsabilité du F∴ Architecte, sont enfermés dans une armoire dont il a seul la clef.

93. — Il doit prévenir la L∴ de ce qui manque pour son service, afin qu'elle en ordonne l'acquisition.

94. — Il vérifie toutes les dépenses de l'Atelier, fait les acquisitions ordonnées, et se concerte avec le Trésorier pour l'exécution des fêtes; ils s'adjoignent le F∴ maître des banquets.

95. — Il veille à tout ce qui est nécessaire pour l'exécution des Trav∴, et à ce que le Temple soit éclairé et échauffé convenablement.

96. — Aucun F∴ n'a le droit de lui demander la représentation des objets

qui lui sont confiés ; ce droit appartient exclusivement à la Loge ou à la Commission administrative.

CHAPITRE XVIII.

DES DEUX EXPERTS.

97. — Les deuxième et troisième Experts aident le premier Expert lorsqu'ils en reçoivent l'ordre du Vén.·.

98. — Ils remplacent le premier Expert, en cas d'absence de ce dernier, excepté lorsqu'il s'agit de tenir la place du Vén.·. ou des Surveillans.

CHAPITRE XIX.

LE MAÎTRE DES BANQUETS

99. — Cet Officier est chargé des décorations des fêtes ordinaires et ex-

traordinaires; il s'entend avec l'Archit.·. Contrôleur et le Trésorier, pour les dépenses nécessaires à l'exécution des fêtes, et contrôle les dépenses.

100. — Il ordonne les banquets et tout ce qui y a rapport.

101. — Lorsque la L.·. envoie une députation pour assister au banquet d'une Loge affiliée, la moitié des frais sera supportée par la L.·.

CHAPITRE XX.

DU F.·. COUVREUR

102. — Il veille à ce que la porte du Templ.·. soit constamment fermée.

103. — Il avertit le deuxième Surveillant lorsqu'on frappe à la porte du Templ.·.

104. — Lorsqu'un F∴ sort du Temple avant la fin des Trav∴, il a soin de l'inviter à ne pas oublier le tronc de bienfaisance.

CHAPITRE XXI.

DES ADJOINTS.

105. — Les Adjoints remplacent les Titulaires en cas d'absence de ces derniers, en se conformant aux articles du Réglement qui les concernent.

CHAPITRE XXII.

DES FF∴ SERVANS.

106. — L'Atelier nomme les FF∴ servans nécessaires à son service, et fixe leurs salaires.

107. — Les FF.·. servans sont sous la surveillance immédiate du Secrétaire-général, et sont à sa disposition et à celle du Vén.·. pour tout ce qui est relatif au service de la Loge.

108. — Ils sont aussi à la disposition particulière du Trésorier pour les recettes, et du M.·. des banquets pour ce qui regarde le service des fêtes d'ordre ou fêtes extraordinaires.

109. — Les jours d'assemblée, ils sont aux ordres de tous les officiers de la ▢ pour l'exécution des Trav.·. de l'Atelier.

110. — Tout achat pour le service de l'Atelier leur est interdit, à moins qu'ils n'y soient dûment autorisés, à peine de s'exposer à en perdre le remboursement.

111. — Ils répondent de tous les

objets qui peuvent leur être confiés, provenant soit de la Loge, soit de ses Membres.

112. — Toutes les Planch∴ dont ils sont chargés doivent être remises par eux directement aux FF∴ à qui elles sont adressées, à moins que ces FF∴ ne les autorisent formellement à la remettre chez leurs portiers.

113. — Leurs gages et gratifications étant fixés par l'Atelier, il leur est défendu de solliciter des Membres de la Loge, sous quelque prétexte que ce soit, aucune rétribution quelconque.

114. — Ils doivent être régulièrement pourvus des trois grades symboliques, et ne peuvent néanmoins assister à aucune délibération.

CHAPITRE XXIII.

DES RANGS EN LOGE.

115. — Le Vénérable à l'O∴

L'ex-Vén∴ à l'O∴, à la droite du Vénérable.

Le premier Surv∴ à l'Occ∴, col∴ du Midi.

Le deuxième Surv∴ à l'Occ∴, col∴ du Nord.

L'orateur à l'O∴, sur la gauche du Vén∴, à son bureau.

Le Secrétaire-général à l'O∴, sur la droite du Vén∴, à son bureau.

Le premier Expert près l'O∴, adossé au bureau du Trés∴

Le Député au G∴ Or∴ à l'O∴,

à la gauche du Vén⸫ s'il n'a point de fonctions particulières, et à la place désignée dans ce chapitre, s'il est pourvu d'un office.

Le Trésorier à la tête de la colonne du Midi, à son bureau.

L'Hospitalier à la tête de la colonne du Nord, à son bureau.

Premier Maître des Cérém⸫ près l'O⸫ adossé au bureau de l'Hospitalier.

Deuxième Maître des cérémonies, à côté de la porte du Temp⸫, à la gauche du premier Surveillant.

Archiviste, Garde-des-sceaux et timbre, à la tête de la colonne du Nord à la droite de l'Hospitalier.

Architecte-Contrôleur, à la gauche du Trésorier, en tête de la colonne du Midi.

Deuxième Expert, au bout de la

colonne du Midi , près le premier Sur-veillant.

Troisième Expert , au bout de la colonne du Nord , près le deuxième Surv∴.

Le Maître des banquets , à la droite du deuxième Expert.

Le F∴ Couvreur , à côté de la porte près le deuxième Surveillant.

L'Adjoint à l'Orateur , sur la colonne du Midi , à la gauche de l'Architecte contrôleur.

L'Adjoint au Secrétaire , sur la colonne du Nord , à la droite du Garde-des-sceaux.

L'Adjoint au Maître des banquets , sur la colonne du Nord à la gauche du troisième expert , et vis-à-vis le Maître des banquets.

116. Les Membres de la Loge ayant le troisième grade, se placent à leur choix sur les Colon.·.

117. — Les Comp.·. sur la colonne du Midi, et les Apprent.·. sur celle du nord.

118. — Les Députés des Loges affiliées, à l'Or.·.

CHAPITRE XXIV.

DE L'ENTRÉE EN LOGE.

119. — Les Membres de la L.·., ou Visiteurs, ne peuvent avoir l'entrée du Temp.·., s'ils ne sont revêtus de l'habit de l'Ordre.

120. — Les Visiteurs ne sont introduits qu'après la lecture de la Pl.·. des précédens Trav.·.; ils sont félicités

par le Vén.·., qui fait applaudir à ieu.
entrée.

CHAPITRE XXV.

DE LA SORTIE DU TEMP.·.

121.—Aucun F.·. ne sort du Temp.·.
sans avoir prévenu le Surv.·. de la colonne.

122. — S'il sort avec l'intention de
ne pas rentrer, le F.·. Couvreur lui
présente le tronc de bienf.·., qui, à
l'ouverture des Trav.·., doit être placé
sur le bureau du deuxième Surveillant.

123. Lorsqu'un F.·. de la Loge ap-
prendra directement, ou indirectement la maladie d'un F.·., il en pré-
viendra la L.·., qui nommera une
commission, de laquelle le F.·. Hospi-

talier sera de droit, pour porter au F∴ malade toutes les consolations que dicte l'amitié, et même des secours pécuniaires, si le cas l'exige. Dans ce cas, la ☐ délibérera sur ce qu'il convient de faire dans la situation où se trouve le F∴ malade.

124. — En cas de décès d'un F∴, le premier qui en sera instruit est tenu d'en informer le V∴, afin que ce dernier puisse convoquer tous les Membres à lui rendre les derniers honneurs.

125. — Conformément à un arrêté de la ☐, il sera tenu un registre funéraire, sur lequel seront inscrits tous les FF∴ décédés; une notice contiendra une courte analyse de leur vie civile et maçonnique, des services qu'ils auront rendu à l'A∴ et des offices qu'ils y auront exercés. Ce registre restera aux archives de la ☐; le F∴ Garde-

des-sceaux en sera le dépositaire sous sa responsabilité.

CHAPITRE XXVI.

DES TRAV∴

126. — Les Trav∴ sont toujours ouverts à six heures précises.

127. — Tous les FF∴ doivent être revêtus de l'habit de l'Ordre, et tous les officiers doivent être décorés des cordons et bijoux de leurs offices.

128. — Du moment de l'ouverture des Trav∴, le plus grand silence doit régner dans la ☐. Chaque F∴ doit se tenir dans une posture décente, et l'on ne doit traverser le Temp∴ qu'en descendant le long des colonnes, à l'Occident.

129, Dès ce moment, on ne peut plus parler sans en avoir obtenu la permission du Vén.·.

130. — Les Surveillans la demandent en frappant un coup de mail.·.

L'Orateur, le Secrétaire et les FF.·. placés à l'O.·. la demandent au Vén.·. en se levant, se mettant à l'ord.·., et tendant la main horizontalement.

Les FF.·. placés sur la colonne la demandent de la même manière à leurs Surv.·. respectifs.

131. S'il y a des FF.·. Visiteurs dans la salle des Pas-Perdus, le V.·. invite le F.·. maître des cérémonies à s'y transporter, afin de prendre par écrit les noms, qualités m.·., les titres des Loges de ces FF.·., et se fait remettre leurs diplômes, s'ils sont d'O.·. étrangers.

132. — Cette mission remplie, le Vén.˙. proclame les noms des FF.˙. qui demandent l'entrée, et provoque sur les colonnes les observations des Membres de la Loge.

S'il n'y a point d'observation, le V.˙. envoie le F.˙. Grand Expert, pour les reconnaître et les tuil.˙. selon l'usage.

133.— Un Maçon irrégulier ne peut être admis aux Trav.˙. comme Visiteur, qu'autant qu'il se réclamera d'un Membre de la Loge, et sous serment de se faire affilier à une ▭ régulière dans l'espace de trois mois.

134. — Tout Visiteur qui sera introduit se mettra à l'ordre des Trav.˙., et fera, en entrant dans le Temple, les pas et signes du grade ; il restera entre les deux colonnes jusqu'à ce que le Vén.˙. l'invite à prendre place.

135. — Les Membres de la ☐ se conformeront à l'article précédent, à l'exception qu'ils prendront de suite, et sans invitation particulière, leurs places respectives.

136. — Le Vén∴ procédera ensuite aux Trav∴ du jour, en suivant l'ordre indiqué dans les Planch∴ de convocation.

137. — Il ne peut être délibéré sur un objet important, sans qu'il en ait été fait mention expresse dans la Planch∴ de convocation.

138. — On ne pourra avoir la parole que trois fois sur le même objet.

139. — Lorsque les observations seront terminées, le Vén∴ fera le résumé des différens avis, et discutera l'affaire; on pourra ensuite faire de nouvelles observations, après lesquelles l'Or∴ donnera ses conclusions.

140. — Les conclusions données , on ne pourra plus faire d'observations.

141. — Si l'affaire est simple , on pourra donner l'assentiment d'usage , à moins que quelque F∴ ne demande le scrutin , ce que le Vén∴ ne pourra refuser.

142. — La boîte du scrutin sera remise au Vén∴, qui l'ouvrira en présence de l'Expert qui la lui aura remise, de l'Orateur et du Secrétaire, comptera les boules , et annoncera le nombre des boules blanches et celui des boules noires : la majorité formera la décision.

143. — Si les boules sont en nombre égal, le Vén∴ aura la voix décisive, et la décision sera portée sur la Pl∴

144. — Un F∴ qui sera entré en ▭ pendant la discussion , pourra s'abs-

tenir de voter s'il ne se croit pas suffi-
samment instruit.

145. — Toutes les décisions seront définitives, quand elles auront été prises en Loge, régulièrement convoquée, et composée de sept Membres de l'At∴. Dans le cas contraire, elles ne seront que provisoires, et ne pourront être exécutées qu'après avoir été confir-mées dans une autre assemblée suffi-samment nombreuse.

146.—Quand les Tr∴ sont terminés, le Vén∴ charge le M∴ des cérémonies de faire circuler le sac des propositions. Celles qui méritent d'être prises en considération, sont portées sur l'esquisse et renvoyées, si besoin est, à la Commis-sion administrative.

147. — Le F∴ Hospitalier fait cir-culer le tronc de bienfaisance et le porte

au V∴, qui en compte le produit en présence de l'Hospitalier, de l'Orateur et du Secrétaire ; ce dernier en fait mention dans le trait de la Planch∴ du jour.

148. — Le V∴ demande si quelque F∴ a des observations à faire pour le bien de l'Ordre en général, ou celui de l'Atelier en particulier.

149. — Le V∴ fait faire, s'il le juge convenable, la lecture de l'Esquisse par le F∴ Secrétaire, et fait ensuite la clôture des travaux.

CHAPITRE XXVII.

DE L'ASSIDUITÉ AUX ASSEMBLÉES.

150. — Tous les Membres de la ☐ assisteront régulièrement à ses

assemblées, et ne pourront s'en dispenser sans cause légitime.

CHAPITRE XXVIII.

DES INITIATIONS, AFFILIATIONS.

151. — Nul profane ne peut être admis avant l'âge de 21 ans; il doit être de condition libre et maître de sa personne.

152. — Sont exceptés de la condition de l'âge, le fils d'un Maçon présenté par son père, ou par son tuteur, et le militaire en activité de service, qui peuvent être reçus à dix huit ans.

153.—Toutes les demandes en initiation ou affiliation, sont faites par écrit ou mises au sac des propositions.

154. — Elles doivent indiquer les nom, prénoms, âge, lieu et date de

naissance, l'état civil, et la demeure du proposé.

155. — Les bulletins de demande sont lus dans la séance, et le Vén.·. nomme, séance tenante, des Commissaires chargés de prendre des renseignemens, pour en rendre compte à la Ten.·. suivante.

156. — Si le rapport est favorable à la demande, le Vén.·. d'après les conclusions de l'Orat.·., fait circuler sur le champ un scrutin.

157. — Si le scrutin ne contient qu'une boule noire, le profane est admis.

158. — S'il en contient trois ou plus, le profane proposé est ajourné indéfiniment.

159. — S'il en contient deux noires, il est ajourné à la prochaine séance.

160. — Si le nouveau scrutin n'en contient pas trois, la réception est de droit.

161. — Les FF∴ présens au rapport ont seuls le droit de prendre part au scrutin.

162. — Dans le cas, et dont l'urgence doit être reconnue par la Loge, un profane peut être reçu séance tenante, s'il réunit en sa faveur l'unanimité des suffrages par la voie du scrutin.

163. — L'affiliation ou la régularisation est également autorisée, sur les conclusions du F∴ Orateur, par la voie du scrutin de boules; mais dans ces deux cas, il suffit de la majorité des deux tiers des Votans.

164. — Si la majorité n'est pas obtenue au premier tour du scrutin il est recommencé, et si ce deuxième tour ne

la donne pas, l'ajournement a lieu pour la prochaine séance.

165. — Il est procédé à un troisième tour de scrutin dans la séance indiquée, et si le résultat en est encore défavorable au candidat, l'ajournement est déclaré indéfini.

CHAPITRE XXIX

DES AUGMENTATIONS DE SALAIRES.

166. — Les demandes d'augmentation de salaires se font par bulletins et par la voie du sac des propositions, l'annonce en est faite séance tenante et renvoyée aux Trav∴ du grade demandé.

167. — Le grade de Compag∴ ne peut être donné que trois mois après la première iniation, et celui de Maît∴ qu'après quatre mois comme Comp∴

168. — La Loge ou le conseil d'au-ministration, composé au moins des sept premières Lum∴, peuvent dans des cas urgens diminuer le temps ci-dessus désigné ; mais dans tous les cas, la demande doit en être faite par avance dans le sac des propositions.

169. — Si le temps permet de s'oc-cuper de suite de la demande, le F∴ postulant couvre le Temple ; on ouvre lesdits Trav∴, et s'il n'y a point d'op-position, le V∴ fait procéder au scrutin (dont la simple majorité suffit), après avoir entendu les conclusions de l'O-rateur.

CHAPITRE XXX.

DES DIPLÔMES.

170. — Les demandes de diplômes

doivent être faites par la voie du sac des propositions , et mentionnées au procès-verbal du jour.

171. — Un diplôme ne peut-être accordé au demandenr s'il n'a payé exactement sa cotisation jusqu'au jour de sa demande ; ce qui doit être approuvé par le F∴ Trésorier. (Voyez article Trésorier).

CHAPITRE XXXI.

DES FINANCES.

172. — Les finances se composent de la cotisation de chacun des Membres de la ▭ , du prix des réceptions aux trois grades, et de celui des affiliations.

173. — La cotisation pour chaque F∴ est de 12 francs par an, à compter du jour de la réception ou de l'affiliation.

(57)

174. — Elle se paie à la première Ten∴ de chaque trimestre entre les mains du Trésorier.

175. — Tout Membre de la Loge qui laisse passer 4 mois sans payer sa cotisation est invité, par lettre du Trésorier, à s'acquitter dans le mois suivant ; s'il n'y satisfait pas, le Trésorier s'adjoint le Vén∴ et le F∴ Secrétaire, pour l'inviter une seconde fois de s'acquitter sans délai ; et s'il laisse passer le sixième mois sans donner de motifs, le Trésorier, à la T∴ du septième mois, en fait son rapport à la Loge qui statue sur la radiation du Tableau.

176. — Le prix des réceptions est, savoir :

Pour le premier grade. . . 32 fr.
Pour le second. 10
Et pour le troisième. . . . 20
____
TOTAL. . . . 62 fr.

177. — Le prix de l'affiliation est de dix-sept francs.

178. — Dans les prix ci-dessus fixés la rétribution du Réglement est comprise.

179. — Le présentateur sera tenu de déposer les mét.·. pour droits de réception, affiliation, avant l'initiation ou l'affiliation, ou en sera responsable.

CHAPITRE XXXII.

DES VISITEURS.

180—La Loge se conformera pour les Visiteurs aux termes des Statuts et Réglemens généraux de l'Ordre, sous les numéros 336 à 342 inclusivement.

CHAPITRE XXXIII.

DES SECOURS.

181. — Il n'est délivré de secours, dans la Ten∴ où ils sont demandés, qu'à des FF∴ connus de plusieurs Membres de l'Atelier, et dont les besoins sont réels et urgens.

182. — Dans toute autre circonstance, la demande en secours sera remise à une commission de cinq Membres, nommée par trimestre, qui prendra des informations et en rendra compte à la Ten∴ suivante, ou au Conseil d'administration qui aurait lieu entre les deux Ten∴

183. — Dans tous les cas, la qnotité des secours est déterminée par la Loge, et distribuée par l'Hospitalier.

CHAPITRE XXXIV.

DES MEMBRES HONORAIRES.

184. — Tout Membre de la Loge qui, pendant neuf ans consécutifs, a payé ses cotisations sans interruption, a le droit de demander, par le S∴ des propositions, à être Membre honoraire; cette demande doit être appuyée d'un certificat du Trésorier, attestant que le demandeur a payé jusqu'au jour de sa demande.

185. — Lorsque la Loge a des obligations personnelles à un Maçon distingué, elle lui accorde le titre de Membre honoraire, après en avoir délibéré dans trois assemblées convoquées *ad hoc*, et que le sixième des voix se trouve pour l'admission du F∴ proposé.

186. — Les Membres honoraires ont voix délibérative dans la Loge , comme les Membres actifs , excepté lorsqu'il s'agit de finances.

CHAPITRE XXXV.

DES HONNEURS MAÇONNIQUES.

187. — Les grands honneurs maçonniques consistent en une grande députation de sept FF∴ munis d'ét∴ , ayant le Maître des cérémonies à sa tête , tous les autres FF∴ debout , la main droite à l'ordre , le glaive de la main gauche , la voûte d'acier et les mail∴ battans.

188. — Ils se rendent aux Membres du Gr∴ Or∴ , lorsqu'ils ont mission de sa part , et aux grands Off∴ d'honneur , lesquels sont tous reçus hors l'Atelier dans le porche , et con-

duits à l'Or∴ par le Maître des cérémonies.

189. — Les mêmes honneurs se rendent à une députation de ▢ ayant son V∴ à sa tête, excepté qu'il n'y a pour aller la recevoir sous le porche que cinq Frères munis d'ét∴, précédés du Maître des cérémonies.

190. — Il en est de même pour une députation de Loge où n'est point le V∴, ou pour un V∴ seul ; il n'y a pour aller recevoir ceux-ci que le Maître des cérémonies, accompagné de trois Frères munis d'ét∴, tous les FF∴ étant à l'ordre, le glaive en main.

191. — Les Visiteurs ayant les hauts grades sont introduits dans le Temp∴, et conduits à l'Orient par le Maître des cérémonies, tous les FF∴ étant debout et à l'ordre, le glaive à la main.

192. — Tous les autres Visiteurs, aux grades symboliques, sont introduits entre les deux colon∴ par le Maître des cérémonies, tous les FF∴ debout et à l'ordre. Ils sont placés, après le discours du Vén∴, en tête des colon∴ suivant leurs grades.

193. — Lorsque le Vénérable Titulaire se présente, les Trav∴ étant ouverts, on observe à son égard ce qui est prescrit par l'article (190). Le Président lui rend compte de ce qui a été fait à son absence, fait applaudir à son entrée, et lui présente le mail∴

194. — Les Surv∴ arrivant de même, sont introduits comme les Visiteurs, et sur l'invitation du V∴ vont prendre leurs mail∴

CHAPITRE XXXVI.

DES CONGÉS.

195. — Une demande en congé doit être faite par écrit à L'at∴, qui en délibère. La Pl∴ des Trav∴ du jour en contient la mention.

196. — Un congé ne peut être accordé pour plus d'une année; mais il peut être renouvelé après ce terme avec les mêmes formalités. Il est refusé à tout F∴ qui n'est pas à jour avec la caisse.

197. — Un congé ne dispense pas du paiement des cotisations; néanmoins elles peuvent être remises ou modérées d'après un arrêté spécial de l'At∴.

CHAPITRE XXXVII.

198. — Tous les arrêtés et décisions de la Loge pris antérieurement à la date des présens Réglemens, et dont les dispositions seraient contraires au sens de ces derniers, sont et demeurent abrogés.

CHAPITRE XXXVIII.

199. — Aucun changement ne sera fait aux Statuts de ce présent Réglement avant l'époque de 3 ans.

200. — L'interprétation des articles des présens Réglemens qui présenteraient quelques obscurités appartient à la L∴ en Assemblée générale : les Pl∴ de convocation devront annoncer cette discussion.

Ces présens Réglemens sont clos et arrêtés en tenue de Loge régulièrement convoquée, le huitième jour du cinquième mois de l'an 5828.

« Nous soussignés V∴, Officiers
» Dig∴ et Memb∴ de la R∴ L∴
» Sainte Thérèse, promettons sur notre
» parole d'honneur et notre foi de
» Maçon d'exécuter fidèlement et de
» point en point, chacun des articles du
» présent Réglement, adopté par la R∴
» ▭ Sainte Thérèse, le huitième jour,
» cinquième mois 5828, et de concourir
» de tout notre pouvoir à ce qu'il ne
» soit transgressé dans aucune de ses
» parties. »

DUVAL, Vén∴

DUPLESSIS, 2ᵉ Surv∴   BLANC, 1ᵉʳ Surv∴

CAHANIN, G∴ des Sc∴   MERCKINS, O∴

Par Mandement,
MALINGRE, S∴ G∴